AF261631

COMTE DE PARIS

UNE

LIBERTÉ NÉCESSAIRE

LE DROIT A L'ASSOCIATION

PARIS

CALMANN LÉVY, ÉDITEUR

UBER 3, ET BOULEVARD DES ITALIENS, 15

A LA LIBRAIRIE NOUVELLE

1894

UNE

LIBERTÉ NÉCESSAIRE

LE DROIT A L'ASSOCIATION

COMTE DE PARIS

UNE

LIBERTÉ NÉCESSAIRE

LE DROIT A L'ASSOCIATION

PARIS

CALMANN LÉVY, ÉDITEUR

ANCIENNE MAISON MICHEL LÉVY FRÈRES

3, RUE AUBER, 3

1894

AVANT-PROPOS

J'ai passé ma jeunesse dans l'exil, cherchant à employer de mon mieux les années qui s'écoulaient lentement loin de la terre natale. À mon retour d'Amérique, où j'avais combattu dans les rangs de l'armée fédérale pour l'abolition de l'esclavage, je voulus étudier sur place, en Angleterre, les conséquences économiques de la lutte dont je venais d'être témoin. En visitant les grands centres manufacturiers, cruellement atteints par la crise cotonnière, je trouvai d'indicibles misères que supportaient avec une admirable résignation des populations intelligentes et laborieuses. Je vis les patrons, ruinés eux-mêmes par la crise, s'imposer les plus grands sacrifices pour les soulager, et la charité privée, dans un puissant élan, faire de véritables prodiges en réponse à leur appel. Je voulus faire connaître au public par la *Revue des Deux Mondes*, la seule voie qui me fût alors ouverte, l'organisation qui avait permis aux hommes les plus importants du Royaume Uni d'assurer l'emploi utile des millions confiés à leurs mains et de prévenir les abus qu'engendre souvent une générosité imprévoyante.

Des temps meilleurs pour l'industrie succédèrent à ces heures d'angoisse. Toutes les sociétés ouvrières du Lancashire, qui, exclusivement ou partiellement, s'occupaient de secours mutuels, avaient disparu dans la tourmente. Elles ne tardèrent pas à se reconstituer. La prospérité générale permit aux artisans, dans presque toutes les branches de l'industrie, de développer les associations qui jusque-là avaient végété dans l'ombre, volontairement ignorées par la législation. Quoique le *délit de grève* eût été aboli depuis quarante ans, le droit de former des associations permanentes pour défendre leurs intérêts les plus légitimes était refusé aux ouvriers sous le prétexte de protéger la liberté du travail. Les Trades-Unions se

sentirent enfin assez fortes pour s'affirmer au
grand jour, malgré leur incapacité légale. Di-
rigées par des hommes honorables, dévoués
et résolus, la plupart d'entre elles répudièrent
hautement toute solidarité avec celles qui, encore imbues de l'esprit des sociétés secrètes,
avaient recours, pour imposer leurs volontés,
à des procédés toujours coupables et souvent
criminels.

Aux yeux de ceux qui s'occupaient de l'avenir des classes ouvrières, l'entrée en scène des
Trades-Unions fut un événement important. Il
appela d'autant plus naturellement mon attention que j'étudiais d'une manière toute particulière les différentes formes des sociétés
auxquelles, grâce à la liberté d'association,
un certain nombre d'ouvriers entreprenants
demandaient les moyens d'améliorer leur sort.
En 1865, j'avais visité avec M. Jules Simon
les sociétés coopératives de Rochdale et de
Manchester. En 1869, les travaux d'une commission royale, chargée de faire une enquête
sur les Trades-Unions, qui réclamaient l'abro-
gation des incapacités dont la loi les frappait,
vinrent me fournir de précieux documents sur
leur organisation et l'esprit dont elles étaient
animées. J'en profitai pour faire connaître au

public français la puissance nouvelle qui venait de se révéler et dont on pouvait dès lors prévoir le rapide développement. C'était le moment où l'Empire, entrant à tâtons dans une voie nouvelle, faisait un choix entre certaines libertés qu'on avait toujours considérées comme liées les unes aux autres. Il autorisait les coalitions et les réunions et maintenait relativement aux associations les lois draconiennes qui les régissent encore. Convaincu, alors, comme je le suis aujourd'hui, que la liberté d'association est, au point de vue politique et social, la plus précieuse, la plus nécessaire de toutes, je voulais montrer à la fois l'usage qu'on pouvait en faire et les abus contre lesquels il fallait se prémunir. En publiant un petit volume sur les *Associations ouvrières en Angleterre*, je me proposais donc un double objet. D'une part, je voulais combattre les préjugés invétérés qui, dans le monde politique, s'élevaient contre la liberté d'association et qui, s'adressant particulièrement aux Trades-Unions, les représentaient comme des ennemies irréconciliables de l'ordre social, voire même comme les instigatrices des crimes commis par quelques individus. D'autre part, je voulais mettre à la portée des ouvriers français un tableau complet et impartial de l'œuvre présente et des vues sur l'avenir des Trades-Unions. J'étais persuadé qu'ils y trouveraient des exemples utiles à suivre, des enseignements précieux à méditer, et qu'ils pourraient ainsi éviter les périls auxquels les exposaient leur inexpérience et les dangereux conseils de meneurs indifférents à leurs véritables intérêts.

Le succès de cette publication me prouva que ma peine n'avait pas été perdue. La pensée d'avoir rendu service à quelques-uns de ses compatriotes, de leur avoir montré les voies par lesquelles ils peuvent améliorer leur sort sans nuire à d'autres intérêts aussi respectables que les leurs, d'avoir appelé l'attention des hommes publics sur la nécessité de régénérer par la liberté une législation surannée, n'était-elle pas la plus grande consolation qu'un prince de la Maison de France pût chercher au milieu des tristesses de l'exil?

Depuis lors, près de vingt-cinq années ont passé. Celles que j'ai eu le bonheur de vivre en France se sont écoulées trop rapidement. Elles ne m'ont pas laissé le loisir de jeter un coup d'œil sur la situation des ouvriers anglais, si ce n'est pour fournir des renseignements techniques à la Commission dite du Travail, instituée en 1872 par l'Assemblée nationale.

Mais un moment vint où il fallut reprendre le chemin de l'exil. L'arbre natal, à l'ombre duquel je m'étais reposé, sécha en un jour pour moi, comme celui sous lequel le prophète était venu chercher la fraîcheur dans la plaine de Babylone. Quand on est déjà à mi-chemin entre cinquante et soixante ans, on ne perd pas son temps en vaines récriminations. Frappé d'un cruel ostracisme, je sortis de France la tête haute, comme aucun prince n'avait encore quitté le sol de sa patrie. Je n'ai pas oublié le rendez-vous que j'ai donné aux nombreux amis qui se pressaient sur le quai du Tréport pour dire *au revoir* au chef de la Maison de France.

Depuis mon premier exil, les conditions de ma vie ont complètement changé. Lorsque le représentant d'une grande cause réside à l'étranger, les rapports constants avec un parti nombreux et fortement organisé absorbent une notable partie de son temps. Il s'y complaît; c'est le lien moral qui le rattache à la patrie absente. Il lui reste cependant quelques loisirs. En reprenant, dès mon arrivée en Angleterre, mes études sur les Trades-Unions, j'ai éprouvé un mélancolique plaisir. Il m'a semblé que je me rajeunissais ainsi d'un quart de siècle. Aujourd'hui, comme en 1869, une commission royale poursuit une grande enquête sur les conditions du travail et la situation des travailleurs en Angleterre, récoltant, sous forme de dépositions et d'interrogatoires, une abondante moisson de documents. Malheureusement, son œuvre est encore loin d'être achevée; il faut attendre ses propres conclusions pour apprécier avec impartialité et en pleine connaissance de cause ces documents de valeurs très diverses.

Cependant, l'étude que j'ai pu faire de ceux qui ont déjà été publiés a confirmé dans mon esprit une double conviction qu'aucun incident nouveau ne pourra, je crois, modifier. Je suis plus que jamais persuadé que la France a besoin d'une bonne loi, rédigée en dehors de tout esprit de parti, et garantissant à tous les citoyens, dans le sens le plus large, la liberté d'association. Et je suis convaincu que, malgré bien des fautes et bien des erreurs, la manière dont les Trades-Unions ont fait usage de cette liberté fournit un puissant argument en sa faveur. Cette double pensée a inspiré le travail que j'offre ici à tous les esprits sincères et non prévenus. J'espère les convaincre et en attendant des temps meilleurs rendre ainsi service à mon pays

VIII AVANT-PROPOS

vail que j'offre ici à tous les esprits sincères et non prévenus. J'espère les convaincre et en attendant des temps meilleurs rendre ainsi service à mon pays

UNE
LIBERTÉ NÉCESSAIRE

LE DROIT A L'ASSOCIATION

I

Le pays vient de renouveler sa représentation. Ses mandataires arrivent sans doute au Palais-Bourbon pleins de bonnes intentions. Ils n'ont pas encore oublié les promesses du candidat.

Le devoir de la minorité conservatrice est de les leur rappeler et de prendre l'initiative de toutes les mesures que réclament les intérêts bien entendus de la France. Il n'en est pas de plus importante ni de plus urgente qu'une bonne loi sur la liberté d'association.

En effet, les citoyens français sont encore privés de cette liberté que l'opposition avait cependant si vivement réclamée sous l'Empire. Lorsque des hommes qui honoraient leur parti, comme M. Dufaure, ont voulu attacher leur nom à une législation libérale et prévoyante sur cette grave matière, il ne leur a pas été permis d'achever leur œuvre. Les projets de loi se sont succédé, tous inspirés par un esprit de plus en plus hostile aux associations religieuses, sans qu'aucun ait abouti jusqu'à présent. La République a ainsi, de propos délibéré, maintenu la France sous la législation oppressive que Napoléon Ier lui avait imposée au moyen des articles 290 et 291 du Code pénal. Et même elle n'a pu échapper à cette loi historique qui fait régner la faveur et l'exception au mépris de la justice et de l'égalité partout où la liberté n'a pu pénétrer. Le privilège exorbitant constitué en 1884 en faveur des syndicats professionnels est venu faire ressortir plus clairement les entraves dont l'ensemble des citoyens n'est pas encore affranchi.

Accepter plus longtemps cette situation serait indigne d'une nation fière et qui se croit libre comme la France. La large pratique de l'association est un besoin des sociétés démocratiques saines et vigoureuses : car elle est le correctif de leur principal défaut, le morcellement des forces vives, l'isolement des individus, l'affaiblissement de la tradition, l'extinction de l'esprit de corps. Les associations librement formées doivent représenter, en groupant les forces et les individus, en perpétuant la tradition et l'esprit de corps, les intérêts divers d'ordre moral et matériel, en face de la pure loi du nombre qui est la forme moderne d'un despotisme vieux comme le monde.

Personne ne l'a mieux compris que le Souverain Pontife qui a traité cette question dans la belle Encyclique « *De conditione opificum* ». L'Église connaît la puissance de l'esprit d'association, car elle y a puisé sa force principale au milieu des bouleversements séculaires qui ont paru la menacer. Elle l'a pratiqué aux époques les plus sombres de l'histoire. Elle en a donné l'exemple à nos sociétés qui, sorties du christianisme et façonnées par lui, ne peuvent se retremper qu'à cette source toujours pure dont elle est la gardienne. Aussi, ceux qui, comme moi, voient dans la libre pratique du droit d'association la meilleure sauvegarde de ces sociétés et qui ne se lasseront pas de la réclamer, savent-ils qu'ils peuvent compter, dans cette noble entreprise, sur le concours de l'Église.

Mais depuis deux ans que son chef a parlé, par qui a-t-il été entendu? Quelle réponse a-t-il reçue des législateurs français? Les projets de loi dont ceux-ci ont été saisis sont conçus dans un tel esprit d'hostilité contre les congrégations religieuses qu'il faut souhaiter de ne les jamais voir sortir des limbes parlementaires. Après une si longue et si vaine attente, on est en droit de conclure que la République redoute la pratique sincère de la liberté d'association.

Les conservateurs commettraient une faute impardonnable s'ils se faisaient ses complices en pareille matière. Ils ne sauraient oublier que cette liberté est la citadelle où les minorités peuvent défendre leurs droits contre une majorité oppressive et que, si elles la laissent démanteler, elles sont perdues.

Mais pour parler de la liberté d'association,

il faut avant tout définir le sens véritable du mot *Liberté*.

Ainsi que je l'ai dit dans les Instructions adressées, il y a six ans, à mes amis politiques, il faut avant tout voir dans la liberté le respect des droits du faible. Pour ceux, au contraire, qui l'exploitent et en faussent le sens, ce même mot signifie la tyrannie de la loi du nombre, l'oppression de la minorité, l'écrasement des petits.

La liberté, telle que je l'entends, qu'elle s'applique aux droits de la conscience ou de la parole, aux droits individuels ou politiques, cette liberté fortement pondérée sans laquelle les plus puissantes nations ne tardent pas à dépérir, ne saurait trouver une garantie plus efficace que la pratique de l'association. Celle-ci seule permet aux citoyens d'être indépendants, de résister à l'ingérence tracassière de l'État, à ses confiscations plus ou moins déguisées.

De plus, l'ordre et le respect de l'autorité, sans lesquels la liberté n'est que licence, trouveront dans cette pratique leur plus ferme appui. Plus les associations seront nombreuses, variées et prospères, plus elles auront pénétré dans les mœurs du pays, et plus elles consolideront les sables mouvants de la démocratie en fortifiant dans sa base l'édifice social.

La minorité conservatrice de la nouvelle Chambre verra dans la liberté d'association un moyen efficace de défense entre les mains d'une opposition qui vient de ressentir tout le poids de la puissance administrative exercée par des adversaires sans scrupules. Mais elle doit la réclamer non moins instamment en vue du jour où ses chefs seront appelés à leur tour au pouvoir. Un gouvernement sûr de lui-même, ferme et prévoyant, doit être le partisan le plus convaincu de la liberté d'association. Il sait, en effet, qu'il ne peut s'appuyer avec sécurité que sur ce qui résiste. Les associations qui se produisent au grand jour, qui assurent à leurs membres des avantages incontestables, ne sauraient être des éléments de révolution. Elles s'intéressent de plus en plus au maintien de l'ordre de choses existant et forment peu à peu autour de ses fondations de solides assises. La pratique sincère de cette liberté est la gymnastique la plus nécessaire pour développer l'esprit politique en France, pour combattre l'apathie de ceux qui, attendant tout du gouvernement, ne font rien pour l'aider dans sa tâche.

Pénétrés de cette pensée, les conservateurs, le jour où ils seraient au pouvoir et pourraient, par conséquent, veiller au respect de la loi, ne devraient pas s'attacher à des restrictions puériles, vexatoires et de plus inefficaces. Les lieux de réunion eux-mêmes, fort improprement appelés Bourses du travail, ne devraient pas être, en principe, malgré les abus scandaleux dont ils ont été l'occasion, l'objet de l'animadversion des conservateurs. On a le droit de protester, au nom des contribuables, contre leur édification et surtout contre leur dispendieux entretien aux frais de nos grandes municipalités urbaines, mais uniquement parce qu'ils ont été détournés de leur première destination, qui peut parfaitement rentrer dans les attributions de l'édilité moderne. Mais si les syndicats ne profitaient pas de la coupable connivence de ces municipalités pour chercher à opprimer le marché du travail, pour porter atteinte, par la suppression indirecte des bureaux de placement, à cette liberté du travail que l'on considère comme l'une des plus précieuses conquêtes de la Révolution de 1789, s'ils ne visaient pas à rétablir, sous un vocable nouveau, le monopole, définitivement condamné, des anciennes corporations fermées, il faudrait les voir sans crainte, et même avec plaisir, se constituer un local commun dans lequel leurs opérations et leurs délibérations se poursuivraient au grand jour, pourvu qu'il fût impartialement ouvert à tous les ouvriers syndiqués ou non syndiqués, et qui se trouverait tout naturellement placé sous la surveillance du gouvernement,

Mais les associations ne peuvent jouer un rôle utile dans notre organisation politique et sociale que si elles ne sont pas soumises au bon plaisir du pouvoir. C'est pour cela que je voudrais les voir libres, et que je ne puis me défendre d'une véritable tristesse à la pensée que la France a déjà dépassé le centenaire de 1789 et qu'elle n'a encore pu ou voulu conquérir une liberté aussi nécessaire. Et il est permis de croire que, si les conservateurs avaient réclamé et pratiqué cette liberté, c'est à eux et non à leurs adversaires politiques qu'il aurait appartenu de présider à la célébration de ce centenaire.

Pour être vraiment féconde, il faut que la liberté d'association puisse s'appliquer également à tout objet qui n'est pas par lui-même contraire aux lois civiles ou criminelles. Il faut que les intérêts moraux et matériels, d'ordres les plus divers, puissent s'associer librement, que les chrétiens et les philosophes, comme les savants et les littérateurs, que les commerçants et les industriels, aussi bien que les ouvriers et les agriculteurs aient le droit de demander à l'association des moyens de défense et d'action. Elle doit avoir pour but la formation d'une personne civile qui groupe leurs forces, agisse en leur nom, et se substitue à des individus isolés pour assurer à chacun les avantages qui ne se peuvent acquérir que par la durée et la tradition.

Aussi, au lieu de combattre la loi de 1884, qui a permis aux syndicats de se constituer, faut-il s'efforcer de l'améliorer et de la compléter. Vouloir supprimer les syndicats ouvriers est une entreprise absurde et impossible.

N'oublions pas que cette même loi a fait naître le grand mouvement qui a couvert nos campagnes de syndicats agricoles : institutions admirables qui rapprochent toutes les classes, confondent leurs intérêts et leur sont d'un puissant secours au milieu de la crise actuelle. Il faut à tout prix les conserver et les développer. Sans doute l'industrie n'offre pas les mêmes occasions que l'agriculture pour opérer ces rapprochements. Mais ce n'est pas une raison pour contester aux ouvriers le droit de s'associer afin de défendre leurs intérêts.

Nous devons donc réclamer pour tous les citoyens le droit de former des associations ayant un but légitime, sans aucune autorisation préalable et sans que ces associations puissent être dissoutes autrement qu'en vertu d'un jugement motivé par une violation de la loi. Elles doivent jouir de la plus grande liberté possible, elles doivent pouvoir correspondre entre elles et s'unir pour une action commune, recevoir dans leur sein toute personne majeure qu'un jugement n'a pas frappée d'indignité, posséder des valeurs mobilières et certains biens fonds, les recevoir par donations ou testaments, ester en justice, en un mot acquérir la personnalité civile sous des conditions très larges et excluant tout arbitraire.

II

Quelles sont les garanties que le législateur doit imposer aux associations pour prévenir les périls que toute institution humaine fait courir à la Société lorsque la liberté dégénère en licence ?

Les abus à redouter de la liberté d'association sont :

— La formation de sociétés publiques et légitimes en apparence, secrètes et coupables en réalité.

— Le détournement de la société de son but véritable, contrairement à l'intention des fondateurs.

— L'emploi illicite de ses fonds pour atteindre un but analogue, les malversations et les fraudes de ceux qui la gèrent.

— La substitution occulte de gérants malhonnêtes aux gérants primitifs.

— Le recours à la grève générale pour interrompre un service public.

— L'intimidation contre les ouvriers non syndiqués pour les empêcher de travailler ou les enrôler de force dans l'union.

— L'accumulation entre les mains de certaines associations de biens fonds formant une mainmorte considérable, capable à la fois de les détourner de leur objet primitif et d'exciter de dangereuses convoitises.

Comment protéger contre ces abus, d'une part la société tout entière, et d'autre part les membres de chaque association? — Le meilleur remède aux dangers résumés dans les quatre premiers paragraphes se trouve dans la publicité. Elle doit être triple : — Publicité des statuts, — Publicité des noms des administrateurs, — Publicité du bilan financier annuel.

Cette publicité doit être assurée par le dépôt

de ces documents entre les mains d'une autorité compétente chez laquelle tout le monde pourra venir les consulter et par leur insertion àux frais de l'association, dans quelques journaux désignés à cet effet.

La publicité des statuts est la première garantie donnée par la Société du but qu'elle poursuit. Chacun peut apprécier ce but. Associés ou non, tous peuvent contrôler la manière dont il est poursuivi. Toute infraction des statuts à la loi, ou des sociétaires aux statuts peut être découverte et signalée.

La publicité des noms des administrateurs constitue, pour la bonne gestion de la Société, une responsabilité efficace, non seulement en cas de délit devant les tribunaux, mais d'une manière plus générale devant le grand public.

Ces deux garanties ont été introduites dans la loi spéciale de 1884. Le procès intenté aux syndicats qui refusent de s'y soumettre, en prouve l'importance. Mais celle que le législateur a volontairement omise est la plus efficace des trois.

La publicité du bilan financier annuel, c'est-à-dire la mise sous les yeux de tous du

compte rendu détaillé de l'emploi des fonds
appartenant à la société prévient non seulement les véritables malversations, mais aussi
tous les virements qui détourneraient l'action
de la société de son objet avoué. Chaque
associé sait exactement ce que l'on a fait
de son argent : il sait ce que coûte une
grève, une manifestation politique, quels sont
les frais de la propagande, des missions, de
l'entretien des meneurs. Si la Société, comme
la plupart des Trades-Unions anglaises, fait de
l'assurance mutuelle, il sait que chacune des
dépenses de cette nature diminue d'autant le
bénéfice qu'il peut attendre de ses versements
aux jours de la maladie ou de la vieillesse.
Pour que ce contrôle ne soit pas illusoire, il
faut que toute infidélité du bilan soit punie
comme un faux en écritures commerciales.

Ces diverses garanties imposées d'une main
ferme et équitable ne préviendront pas seulement les abus signalés plus haut, d'une liberté
illimitée d'association, elles donneront encore
au pouvoir qui voudra s'en servir la seule
arme efficace pour combattre l'un des en-
nemis les plus redoutables de l'ordre social :

la Société secrète. Et cette arme ne peut être efficace que sous un régime de liberté : nouvel et puissant argument en faveur de ce régime.

En effet, les hommes ont besoin de s'unir et de s'entendre pour défendre leurs intérêts, pour poursuivre en commun la réalisation de leurs espérances, comme la satisfaction de leurs besoins. Si la loi prétend les en empêcher, ils le font dans l'ombre. Aussi, pour pouvoir appliquer strictement la loi aux Sociétés secrètes, faut-il que les honnêtes gens aient la faculté de s'associer librement et soient ainsi séparés des conspirateurs, des ambitieux, qui eux, ont besoin de mystère pour dresser leurs batteries et enrôler ceux qu'ils prétendent exploiter.

Toute association dont le but est avouable peut se soumettre aux trois garanties de publicité que nous avons indiquées comme essentielles. Dès lors, toutes celles qui s'y refusent sont, par cela même, des Sociétés secrètes, et doivent être rigoureusement poursuivies. On connaît aujourd'hui l'action redoutable et malfaisante de ces Sociétés qui rétablissent parmi nous un véritable esclavage d'autant plus dur et plus dégradant qu'au lieu d'enchaîner le corps, il asservit l'âme, l'intelligence et la volonté.

Sans entrer dans des détails étrangers à notre sujet, il nous faut, cependant, dire un mot de la Franc-Maçonnerie. Cette vaste société, bien autrement puissante que l'Internationale et toutes les associations recrutées dans la classe ouvrière, est bien aujourd'hui une Société secrète. De récentes publications ont révélé le rôle qu'elle a joué depuis un siècle dans les révolutions européennes. En France, elle poursuit, avec un incroyable acharnement, la guerre au christianisme. Tout en conservant ses allures occultes, qui lui donnent tant de force et de prestige, elle détient ouvertement toutes les avenues du pouvoir. Elle a si bien pénétré le parti républicain qu'il ne vit plus que par elle et pour elle : les Loges l'inspirent et le dirigent. Cet asservissement est d'autant plus dangereux que la Franc-Maçonnerie est essentiellement internationale. Tous ceux qui se livrent à elle par entraînement, par passion, par ambition ou par sottise, sont donc les agents d'une association d'autant plus redoutable que la patrie n'existe pas pour elle.

Mais, pour combattre sa néfaste influence, il suffit de la démasquer. Le jour où la France possèdera la liberté d'association réglementée par la loi, la Franc-Maçonnerie devra se conformer aux prescriptions légales ou avouer qu'elle ne peut pas supporter le grand jour. Dans ce dernier cas, elle tombera sous le coup de la loi. Abandonnée par la plupart de ses membres qui, n'étant pas des conspirateurs, ne voudront pas passer pour tels, elle perdra toute influence et toute autorité. Au contraire, obligée de subir le contrôle de l'opinion sur son organisation, son personnel dirigeant et l'emploi de ses fonds, privée du prestige dû au mystère dont elle s'enveloppe, elle deviendra bientôt inoffensive et devra marcher sur les traces de la Franc-Maçonnerie anglaise, dont elle s'est séparée, il y a quelque temps avec éclat. Celle-ci, choyée et surveillée par l'aristocratie, se rapproche, en effet, de plus en plus par ses fonctions des Sociétés de secours mutuels et n'offre à ses membres, outre les avantages très réels de ces Sociétés, que la satisfaction d'arborer des emblèmes bizarres dans des cérémonies publiques que président quelque grand seigneur ou quelque prince de sang royal.

L'emploi de la grève générale pour interrompre un service public est une menace contre la société que l'on a toujours citée parmi les arguments contre le droit d'association et de coalition. Cette menace nous semble difficile à réaliser, car il faudrait avant tout, pour l'exécuter, avoir enrôlé et soumis aux ordres des mêmes chefs, et de chefs capables de recourir à de tels moyens, la totalité des ouvriers auxquels l'État pourrait avoir recours. Mais, comme l'emploi de ces procédés comminatoires a été hautement prôné, le législateur ferait sagement, sans doute, de le prévoir et de le prévenir en classant comme délit toute tentative de ce genre propre à porter un préjudice grave aux intérêts généraux de la société.

Il ne peut, sans doute, protéger de la même façon des industries privées, essentielles cependant à la vie quotidienne, comme la boulangerie, par exemple, ou de grandes entreprises comme les chemins de fer. Ce ne sont pas, il est vrai, des services de l'État, mais leur fonctionnement ne saurait être interrompu sans un dommage inappréciable pour la prospérité publique,

et l'on doit prévoir le cas où le remède natu-
rel, l'engagement d'ouvriers non syndiqués, se
trouverait insuffisant. Dans de telles circonstances, c'est le droit et même le devoir du gouvernement d'intervenir, non certes, pour porter
atteinte à la liberté des grévistes, mais pour
prévenir un péril public et de procurer par
tous les moyens dont il dispose la main-d'œuvre
nécessaire aux services les plus urgents. De
cette intervention le gouvernement actuel a
donné à Paris un exemple récent.

Quant au moyen efficace de protéger les
ouvriers non syndiqués contre l'intimidation,
il se trouve dans l'application équitable de la
loi et dans l'intervention de l'État pour faire
respecter d'une façon absolue, ne fût-ce même
que dans la personne d'un seul ouvrier, la
liberté du travail.

Le dernier danger que nous avons signalé
est d'une nature toute différente. Le remède
l'est aussi : c'est la limitation du droit de la
société de posséder des biens immobiliers à ceux
qui servent à la poursuite même de l'objet
énoncé dans les statuts. Cette limitation a été
fort sagement introduite dans la loi de 1884 ;

elle devrait s'étendre à toutes les Sociétés qui, n'étant pas commerciales, sont soumises aujourd'hui au régime du bon plaisir. C'est la garantie qu'en échange de l'octroi de la personnalité civile, le législateur doit leur imposer, moins peut-être encore en vue d'un intérêt général que pour les protéger contre leurs propres entraînements. Les biens de mainmorte ont soulevé tant de passions, ont causé tant de difficultés, ont provoqué tant d'injustes spoliations, que cette restriction, quoique fort discutable en principe, doit être acceptée comme une mesure de prudence surtout dans un temps où les placements mobiliers plus faciles et même plus sûrs se recommandent à tous les administrateurs prévoyants.

Ces garanties ne doivent pas être limitées à la loi d'exception qui régit les syndicats depuis neuf ans. Elles doivent être la base de la loi générale destinée à établir et à réglementer en même temps chez nous la liberté d'association. Qu'on ne craigne donc pas de les proclamer à la fois nécessaires et suffisantes et d'en demander hautement l'application à toutes les Sociétés, quels que soient leur caractère et leur but.

C'est en combattant pour une loi largement
libérale qu'on pourra repousser avec mépris
et indignation les odieuses restrictions par
lesquelles les jacobins prétendent atteindre les
associations religieuses. Qu'on se pénétre de
cette pensée que, dans notre société démocratique, l'esprit de corps, les traditions, fruit de
l'expérience, la solidarité des individus, tout
ce qui entretient la vie indépendante chez un
peuple, ne peuvent subsister que grâce à la
liberté d'association.

III

La loi qui a affranchi les syndicats est en
vigueur depuis neuf ans. Les ouvriers ont usé
et abusé de la liberté sans contrôle suffisant
qui leur était accordée. Jusqu'à présent l'usage
qu'ils en ont fait n'a profité ni à l'industrie
nationale ni même à leurs véritables intérêts.
Le résultat le plus clair de toute l'agitation
qu'ils ont provoquée a été d'ouvrir les portes
de la Chambre à quelques meneurs qui se sont
fait une situation lucrative en promenant leur
écharpe partout où ils pouvaient pêcher en eau
trouble. Les syndicats sont devenus des instru-
ments politiques entre leurs mains. Au lieu

d'être le dernier recours des ouvriers pour affirmer leur union et amener les patrons à transiger sur des questions pratiques, au lieu d'être employée seulement dans les moments où ceux-ci avaient un grand intérêt à ne pas interrompre le travail, la grève est devenue le recours quotidien de ceux qui se posaient en adversaires résolus du capital. Grâce aux syndicats, on a imposé à de nombreuses populations ouvrières les cruelles souffrances du chômage pour obtenir soit des patrons, soit même du législateur, des mesures inapplicables ou ruineuses, des règlements qui frapperaient de paralysie les industries les plus puissantes. Enfin l'action des syndicats a été particulièrement dirigée contre la liberté du travail. Allant chercher dans les traditions de l'ancien régime ce qu'elles avaient de plus oppressif, ils ont voulu rétablir à leur profit le monopole dont jouissaient autrefois les corporations fermées. Mais ces abus doivent-ils faire condamner en bloc l'institution même des syndicats? Je ne le crois pas, car ils sont dus à l'imperfection de la loi et surtout à la faiblesse du gouvernement qui le plus souvent, comme à Car-

maux, n'a pas su appliquer cette loi, tout insuf-
sante qu'elle fût, ou s'y est résigné trop tard
comme à propos de la Bourse du travail de Paris.

Pour se rendre compte des avantages et des
inconvénients du régime de la liberté appliqué
aux associations ouvrières, il faut chercher
des exemples ailleurs, tout en se rappelant
que le retour à l'ancien système prohibitif
semble impossible aujourd'hui en ce qui
les concerne. En réalité, il ne s'agit que de
savoir si l'on continuera à avoir deux poids et
deux mesures, si la liberté, accordée aux uns,
continuera à être refusée aux autres.

C'est en Angleterre naturellement qu'il faut
chercher ces exemples. Quoique l'on doive
apporter beaucoup de prudence et de réserve
dans toute comparaison entre nos voisins et nous,
l'expérience qui s'est faite de l'autre côté de la
Manche ne peut manquer d'être intéressante
et instructive.

Depuis vingt-cinq ans les Trades-Unions anglaises fonctionnent au grand jour; depuis
vingt et un ans elles sont absolument recon-
nues et protégées par la législation britan-
nique. Pendant cette période, elles se sont

puissamment développées dans la classe des artisans, si bien que leur congrès de 1874 représentait près de douze cent mille membres. La crise industrielle qui éclata à cette époque, en amenant la ruine et la dissolution des Sociétés qui s'étaient engagées dans des grèves inopportunes, réduisit ce nombre à moins de cinq cent mille en 1881, mais il se releva ensuite jusqu'à près de neuf cent mille en 1889. Grâce à ces congrès annuels, qui donnent à leurs efforts une direction commune, elles ont fait entrer au Parlement plusieurs de leurs chefs et exercé une sérieuse influence tant sur l'opinion publique que sur la législation. Ainsi mêlées aux affaires publiques et à la vie politique, elles se sont assagies. Elles ont appris à distinguer la pratique de la théorie abstraite. Elles ont prouvé de plus en plus dans leurs rapports avec les patrons qu'elles comprenaient la solidarité étroite qui doit dans l'industrie unir le capital et le travail. En général, les plus sages sont celles qui sont arrivées, à l'aide d'heureuses circonstances, à compter dans leurs rangs la majorité et même parfois presque la totalité des ouvriers d'une industrie.

Placées en face d'associations de patrons comprenant également tous ou presque tous les chefs d'une même industrie, ces unions ont traité avec eux les grosses questions du taux des salaires, des heures de travail, de la réglementation de la mine, de l'usine ou de la manufacture, et d'une manière qui a très souvent prévenu les grèves et assuré au travail les avantages qu'il pouvait légitimement réclamer sans compromettre les droits et les intérêts du capital. Par le libre développement de l'association chez les ouvriers et chez les patrons, il s'est établi dans certaines industries, telles que la métallurgie du nord de l'Angleterre, une harmonie et une régularité qui les ont mises à l'abri de la plupart des crises et des fluctuations dont elles avaient auparavant tant souffert. Et si cette harmonie a été parfois violemment troublée, les conséquences en ont été si funestes que la leçon n'a pas été perdue pour l'avenir. C'est ainsi que la grande grève qui a causé, il y a dix-huit mois, tant de souffrances parmi les ouvriers, tant de ruines parmi les patrons, dans les forges du nord de l'Angleterre, n'a éclaté que parce que les ouvriers ont refusé d'accepter les conditions auxquelles les chefs élus des Unions, plus expérimentés et appréciant mieux les conditions du marché, avaient jugé nécessaire de se soumettre. Parfois aussi les apparences ont trompé le public sur les sentiments qui animaient de part et d'autre patrons et ouvriers. Ainsi l'on pourrait citer telle grève, particulièrement dans les charbonnages, où, tout en semblant se disputer, on était au fond à peu près d'accord, de part et d'autre, pour interrompre l'exploitation, raréfier les produits et provoquer un renchérissement dont les uns et les autres n'ont pas tardé à profiter également. Il est intéressant, à ce propos, de remarquer en passant que les ouvriers continentaux, lorsque, dans un élan imprudent de solidarité internationale, ils ont décidé de s'opposer à l'importation des charbons étrangers en Angleterre, ne se sont pas doutés qu'ils faisaient ainsi le jeu des capitaux engagés dans les houillères britanniques plus encore que de leurs camarades qui attendaient, les bras croisés, le moment favorable pour reprendre le travail. C'est ainsi qu'instruites par vingt ans d'expérience, les Trades-

Unions sont arrivées à donner la direction du grand mouvement ouvrier à une classe d'artisans comprenant de mieux en mieux leurs vrais intérêts et conduits eux-mêmes par des chefs pour la plupart éclairés et modérés, au lieu de la livrer, comme il arrive trop souvent ailleurs, à une masse ignorante et inexpérimentée qu'exploitent des théoriciens absolus ou des politiciens sans scrupules. Et le jour où ceux-ci sont arrivés à agiter cette masse, qui existe en Angleterre comme partout, ils ont trouvé en face d'eux, pour défendre, au nom des intérêts communs, les principes de la saine raison, non pas seulement les représentants du capital, mais bien toute la puissance des Trades-Unions.

Ce jour est venu en 1889, lorsque la grande grève des docks de Londres a révélé l'organisation naissante des ouvriers qui n'ont pour gagner leur vie d'autres ressources que leurs bras. Les progrès de l'éducation pratique des ouvriers d'état exerçant une profession qui exige des aptitudes spéciales, de l'intelligence ou de l'adresse, en un mot une préparation et des qualités acquises, a creusé entre les uns et les autres un profond fossé. Si la division des

2.

citoyens en trois ou quatre états n'était pas, cent ans après 1789, un absurde anachronisme, on pourrait appliquer ici le mot, souvent cité à tort, de quatrième état, pour désigner les artisans et qualifier de cinquième état la population des journaliers, des terrassiers, des portefaix qui atteint en Angleterre un chiffre très considérable. Sans doute rien n'est plus légitime que la volonté si fermement manifestée par ceux-ci de s'organiser pour recueillir à leur tour les avantages de l'association, et rien n'appelle plus la sollicitude de l'opinion publique que les privations et les souffrances qui découlent de leur malheureuse situation. Aussi les anciennes Trades-Unions ont-elles d'abord salué avec joie et sympathie ces nouveaux venus, dont l'accession a porté brusquement à un million et demi le nombre des associés représentés au Congrès de 1890. Mais elles n'ont pas tardé à s'apercevoir qu'un esprit tout nouveau aussi les animait.

Le cinquième état représente la puissance aveugle du nombre opposée aux qualités intellectuelles et physiques, acquises par le travail et la persévérance, qui font l'honneur et la force du quatrième. Le jour où il a pu prendre la parole, on a entendu pour la première fois s'affirmer d'une façon menaçante les fatales utopies, les revendications implacables et absurdes, en un mot tous les articles de foi de la doctrine socialiste qui, moitié par persuasion, moitié par intimidation, s'imposent de plus en plus aux populations ouvrières du continent et dont les progrès sont le plus grand des dangers qui menacent les débuts du siècle prochain.

Pour combattre le développement de ces funestes doctrines parmi ces populations, trouvera-t-on chez elles un point d'appui quelconque? Presque aucun, il faut bien le reconnaître. Car le retour à la foi et aux traditions chrétiennes, qui serait le gage le plus certain de la pacification sociale, rencontre encore malheureusement de trop fortes préventions, et l'action des hommes de bonne volonté qui s'efforcent de le préparer est encore trop restreinte pour combattre efficacement un mal chaque jour grandissant.

Ces dangers menacent également l'Angleterre. Mais les anciennes Trades-Unions forment une armée puissante dont la majorité sera de plus en plus hostile aux doctrines socialistes, même les plus spécieuses en apparence. Elle se lèvera jusqu'au dernier homme pour repousser les conséquences redoutables que n'hésitent pas à en déduire chez nous les apôtres de ces doctrines. La force de cette armée vient de ce qu'elle est en somme l'élite de la population ouvrière, qu'elle lui parle sa langue et se fait écouter par elle, malgré le reproche d'aristocratie que les meneurs du cinquième état lui adressent naturellement.

Ceux-ci se sont élevés du premier coup à la hauteur de leurs émules en socialisme du continent. C'est auprès d'eux, d'ailleurs, qu'ils sont allés chercher leurs inspirations. C'est lorsqu'ils sont venus déposer devant la Commission royale, dite du travail, qui va bientôt achever sa volumineuse enquête, qu'on a, pour la première fois, en Angleterre, entendu citer comme des autorités Karl Marx et Louis Blanc et développer la théorie des ateliers municipaux et de la nationalisation de toute l'industrie. Mais, chose plus grave, parce qu'elle paraît moins irréalisable aux esprits superficiels, ce sont eux qui se sont faits les défenseurs de la limitation absolue des heures de travail. Cette question a divisé les Trades-Unions et soulevé, dans leurs derniers Congrès, les plus vives discussions entre leurs représentants. Repoussé par les divers Congrès, jusqu'en 1891, le principe de cette limitation a été adopté en 1892 à une faible majorité, grâce à l'appui d'un certain nombre des anciennes unions et particulièrement au changement d'opinion des grandes unions des ouvriers cotonniers du Lancashire. Mais il n'en reste pas moins établi qu'il rencontre parmi celles-ci une opposition formidable. Et cette opposition, il est permis de le croire, grossira à mesure que l'on sentira mieux l'impossibilité, sans porter un trouble profond dans l'industrie, d'appliquer ce principe d'une manière générale. Il faut d'ailleurs remarquer qu'il est déjà mis en pratique dans la plupart des grandes industries où l'organisation des équipes facilite cette application, telles que les mines, les forges et les filatures. Pour les ouvriers de ces industries la question n'offre donc plus aucun intérêt pratique.

Aussi, malgré la division qui s'est produite sur cette question parmi les anciennes unions, peut-on être assuré qu'elles se trouveront de nouveau d'accord et fortement unies pour résister à la direction que les meneurs du cinquième état prétendent leur imposer. L'esprit de ces deux classes est trop différent, leurs visées sont trop opposées pour qu'elles puissent longtemps agir de concert. Cet antagonisme s'affirmera sans doute par la scission qui paraît inévitable du Congrès qui les a, jusqu'à ce jour, mises en présence dans la même enceinte.

Elles s'organiseront chacune de son côté. Cette division sera le frein le plus efficace imposé aux théories extrêmes, la meilleure garantie pour l'Angleterre contre les entraînements qui menacent ailleurs d'aveugler les populations ouvrières sur leurs véritables intérêts, puisque les conseils de modération sortiront du sein même de ces populations. Cet heureux résultat sera dû à la bonne fortune d'avoir joui pendant vingt-cinq ans de la liberté d'association.

On peut d'ailleurs l'espérer, lorsque ce cinquième état, si redoutable aujourd'hui dans ses revendications, aura, à son tour, pendant le même temps, mis cette liberté en pratique, il profitera de l'expérience ainsi acquise. Il n'aura, en effet, qu'à suivre l'exemple des ancienne. Trades-Unions dont la plus grande partie, à leur début, s'étaient aussi laissées séduire par les plus dangereuses utopies qu'elles se sont ensuite empressées de rejeter. Il est donc permis d'espérer que les nouveaux venus suivront un jour la voie tracée par leurs aînés.

Quoi qu'il en soit, et pour rendre justice à ces derniers, il convient de montrer les heureux résultats auxquels cette voie, dans laquelle ils sont entrés si résolument, peut les conduire. Dans une étude sur les Trades-Unions, publiée il y a déjà près d'un quart de siècle, j'ai cherché à prévoir le rôle que cette pratique d'une liberté, si nouvelle alors, pourrait leur assurer. Ces prévisions se sont déjà en partie réalisées : je suis heureux de le constater.

On a vu leur influence morale. Il suffit de rappeler en passant toutes les améliorations récentes que leur doit la condition de l'ouvrier au point de vue, tant de la durée du travail, de l'emploi des femmes et des enfants, que des règlements hygiéniques dans les mines et les ateliers.

On sait, d'autre part, que la plupart des Unions sont en même temps des sociétés de secours et d'assurances mutuelles. Je ne puis m'arrêter sur une question étrangère au sujet de cette étude, la mutualité étant l'objet d'une législation particulière qu'il n'y a pas lieu d'examiner et d'apprécier ici.

Mais il est permis de constater que les Unions ont beaucoup contribué à stimuler le mouvement par lequel ces institutions se sont si rapidement développées, à ce point qu'elles atteignent cette année le chiffre de trente-cinq mille cinq cents et comprennent plus de onze millions de membres, avec un avoir qui dépasse deux milliards et demi de francs. Les ouvriers comprendront mieux chaque jour que moins les Unions subventionneront de grèves, plus elles pourront employer les fonds qu'elles accumulent à améliorer la situation de leurs membres et particulièrement à développer les caisses de retraite pour la vieillesse.

Ces exemples encourageants ne sauraient

nous empêcher de reconnaître que parfois l'expérience si chèrement acquise semble être oubliée dans un moment d'égarement. On voit alors reparaître la grève avec tout son cortège de misères et de violences, comme il y a dix-huit mois, dans les forges du nord de l'Angleterre, et tout récemment dans les houillères du centre et du pays de Galles. On dirait alors que l'on a reculé de trente ou quarante ans en arrière et que tous les progrès faits depuis lors ont été perdus en un jour. Il n'en est rien cependant. Il suffit d'étudier ces nouvelles grèves pour s'en convaincre. Celles que nous venons de citer comme les plus importantes ne pouvaient réussir, car elles avaient pour but de résister à une diminution de salaires dans un moment où les produits étaient tellement dépréciés que les patrons préféraient le chômage à la reprise des travaux aux conditions antérieures.

Aussi dans la première, les chefs des Unions, qui avaient traité avec eux et comprenaient la situation, avaient-ils accepté une réduction considérable des salaires. La grève eut lieu parce qu'ils furent désavoués par leurs cama-

rades qui, après de longues et inutiles souffrances, furent obligés d'accepter la transaction
offerte par les maîtres· de forges. Les Unions
avaient donc porté aux premiers rangs des
hommes appartenant à la classe ouvrière qui
comprenaient bien ses intérêts, et qui, si on
les avait, comme d'habitude, écoutés, lui auraient épargné de nombreuses épreuves.

La grève des houilliers du pays de Galles
et des régions voisines n'est pas terminée à
l'heure présente, quoique la situation écono-
mique ne laisse aux ouvriers aucun espoir
d'obtenir le chiffre élevé des salaires qu'ils
réclament. Mais on peut espérer que, grâce à
l'organisation que leur ont donnée les Unions,
ils ne persisteront pas dans cette erreur dé-
plorable. En effet, depuis qu'ils possèdent cette
organisation, ils ont pris l'habitude de se pro-
noncer sur les grèves au moyen de scrutins
régulièrement organisés.

Il leur arrive sans doute de se tromper dans
ces votes ; mais on ne voit plus, comme autrefois, une majorité laborieuse et docile se
laisser entraîner à la grève par une minorité
turbulente. Déjà plusieurs Unions, à la suite

de ces scrutins, ont décidé la reprise du travail. Ailleurs sans doute la majorité s'est prononcée en sens contraire. Mais l'expérience des grèves précédentes permet de croire que cette majorité ne tardera pas à mieux comprendre ses véritables intérêts, qu'elle ne repoussera plus les offres d'arbitrage des patrons, et que de nouveaux scrutins mettront fin à une lutte dont la précieuse épargne de l'ouvrier a fait tous les frais. Sans l'organisation des Unions, elle n'aurait eu aucun moyen de manifester sa volonté et de la faire prévaloir sur les dangereux conseils de quelques meneurs.

Ces faits montrent qu'il faudra encore bien des années et bien des épreuves pour que la liberté d'association porte tous les fruits qu'on pouvait en attendre. Mais ce n'est pas un motif suffisant pour renoncer à l'espoir de les voir éclore. Parmi les effets de la liberté d'association qu'on ne peut malheureusement pas constater aujourd'hui même en Angleterre, mais sur lesquels on peut compter dans un avenir plus ou moins rapproché, j'en citerai deux auxquels j'attachais dès 1869 une importance particulière : le rôle des Trades-Unions comme capitalistes et le développement des sociétés coopératives de production.

Les principales Unions ont accumulé dans leurs caisses des sommes considérables. Si elles comprennent leur rôle elles doivent arriver à réduire progressivement le nombre et la durée des grèves. Elles pourront ainsi disposer de plus en plus librement des fonds réservés pour les soutenir. En outre, les fonds qui sont destinés aux secours mutuels ne peuvent être appelés que graduellement selon une moyenne constante facile à calculer. Ils peuvent donc, sans inconvénients, être placés dans des valeurs industrielles et on peut espérer que le jour viendra où, par l'intermédiaire des Trades-Unions, les ouvriers emploieront les économies ainsi accumulées, à commanditer eux-mêmes en tout ou en partie les industries auxquelles ils demandent leur salaire quotidien.

Ils pourront obtenir le même heureux résultat d'une manière plus directe encore, par les sociétés coopératives de production ou par la libéralité des patrons qui les associent à leurs bénéfices. Mais, il faut l'avouer, les expériences faites en pareille matière n'ont pas jusqu'à présent été fort encourageantes. La société coopérative de production est une véritable république à côté de l'ancien système aux formes monarchiques où le patron a la direction et la responsabilité, elle n'a jamais jusqu'ici résisté à la concurrence. Elle n'a réussi que lorsqu'elle a rencontré un homme d'une intelligence supérieure pour la guider et son succès a toujours été aussi précaire que la vie de ce chef. Les sociétés où l'ouvrier est appelé à partager les bénéfices sont destinées, suivant moi, à un meilleur avenir. Quelques-unes d'entre elles ont parfois donné pendant longtemps d'excellents résultats. Mais jusqu'à présent elles n'ont jamais résisté aux brusques fluctuations qu'une forte crise industrielle provoque dans le taux des salaires. La fixité relative de ce taux est la base même du système. Les ouvriers après avoir longtemps touché en sus de ce taux des parts importantes de bénéfices, les ont vus disparaître sans murmurer en même temps qu'on réduisait le prix de la main-d'œuvre dans les usines voisines. Mais, dès que ce prix s'est relevé accidentellement et temporairement un peu au-dessus du taux de leurs salaires, ils n'ont pas voulu attendre que la société pût de nouveau leur assurer un bénéfice; ils l'ont abandonnée, absolument oublieux de tous les avantages qu'elle leur procurait. La confiance qu'ils témoignaient en général aux patrons n'a malheureusement pas résisté à cette épreuve.

De ces exemples, il faut seulement conclure que le temps est nécessaire pour confirmer et consolider les institutions qui se fondent sous l'influence d'une législation libérale et prévoyante. Raison de plus pour ne pas différer davantage cette législation en ce qui concerne la liberté d'association.

IV

Cependant des esprits routiniers ou timorés objecteront que l'état actuel devrait suffire. « Si cette liberté, diront-ils, n'est pas inscrite
» dans nos lois, elle est consacrée par les
» mœurs. La pratique du suffrage universel,
» l'exemple donné en mille circonstances par
» nos adversaires, sont la garantie que les
» prescriptions oppressives de la loi ne peuvent
» plus être appliquées. Nous ne nous préoc-
» cupons plus des prescriptions légales lorsque
» nous nous unissons pour une fin chari-
» table ; les associations religieuses elles-
» mêmes profitent de cette tolérance, la

» persécution mollit. Cantorbery s'est dépeuplé,
» et les jésuites sont rentrés en France. »
Fatale illusion! dangereux aveuglement! Sans
doute la manière dont les républicains consti-
tuent des associations politiques donne à tous
les citoyens une sécurité temporaire, et l'on a
raison d'en profiter; sans doute aussi des associations charitables irrégulièrement constituées
sont tolérées par ceux qui persécutent les reli-
gieux, et cette persécution même se ralentit
parfois, faute d'une passion véritable pour la
soutenir. Mais souvenons-nous que cette situation précaire peut changer d'un moment à
l'autre, que ceux qui détiennent aujourd'hui le
pouvoir emploieront tous les moyens pour le
conserver, et qu'ils n'hésiteront pas pour cela
à faire la plus rigoureuse application de toutes
les *lois existantes*. C'est donc à la liberté d'association que les conservateurs doivent demander leurs meilleurs moyens de défense. C'est
leur devoir comme hommes politiques. C'est
également le devoir des catholiques d'en réclamer le plus large exercice. Dans nos sociétés
d'origine chrétienne au développement des-
quelles elle a présidé, l'Église a longtemps

pratiqué l'association sous le régime du privilège. Mais de nos jours on ne lui a laissé d'autre privilège que celui de la persécution, ouverte ou déguisée. Aussi les associations religieuses, instrument nécessaire à l'accomplissement de sa divine mission, que rajeunit sans cesse son inépuisable fécondité, ne sauraient-elles trouver de meilleure sauvegarde que la pratique de la liberté sous la loi commune. OEuvres de grand jour elles ne craignent pas la lumière. Les exemples abondent dans tous les pays assez heureux, ou plutôt assez sages pour chercher dans cette pratique l'une des plus solides assises de l'ordre social, qu'il s'agisse de la monarchique Angleterre et de ses puissants rejetons coloniaux, ou du régime sincèrement républicain des États-Unis. Ces exemples sont tellement éclatants qu'ils me dispensent d'insister. Je ne veux pour preuve des services que la liberté d'association peut rendre à l'Église que l'acharnement de ses adversaires irréconciliables à la lui refuser, au mépris de tous les grands principes qu'ils affectent d'invoquer.

Ils ne veulent pas, en effet, lui laisser cet

instrument entre les mains pour le jour où, réalisant leurs desseins hostiles, ils réussiront à rompre le concordat et à supprimer le budget des cultes. Tant que prévaudra le régime républicain, les catholiques doivent s'attendre à ces mesures extrêmes. C'est surtout en vue de cette éventualité qu'ils doivent réclamer instamment la liberté d'association, car elle seule, à cette heure critique, leur permettra de réparer les coups portés à l'Église en lui assurant une organisation indépendante et les moyens de se soutenir en face de ses persécuteurs.

Mais l'Église n'est pas seule menacée dans son organisation et ses institutions. Ceux que le hasard de la naissance a classés parmi les prolétaires, possèdent aujourd'hui, par le bulletin de vote, une partie de la puissance publique. Ils pourraient être tentés de s'en servir, sous l'empire de coupables excitations, pour ruiner le fondement même de la société : la propriété foncière. C'est encore dans la libre pratique de l'association que celle-ci trouvera ses meilleurs moyens de défense. En effet, les grands propriétaires ne seraient pas seuls atteints par les théories des anarchistes et des socialistes d'État. La classe, heureusement si nombreuse, des petits propriétaires fonciers, auxquels la France doit en grande partie sa force productrice et son relèvement après les plus cruelles épreuves, serait la première victime de la révolution sociale que poursuivent tous ces théoriciens. Mais pour résister à la confiscation de leur épargne ou de leur modeste héritage, pour conserver les avantages conquis à la sueur de leur front, il est nécessaire que grands et petits puissent grouper leurs forces en les associant. Il y a donc pour tous le même intérêt capital à jouir pleinement de la liberté qui seule leur assure ce moyen de défense.

Cette liberté doit donc être générale : elle doit embrasser également toutes les associations qui ne sont ni immorales, ni criminelles, ni contraires à l'ordre public. Aucun régime spécial pas plus en faveur des syndicats ouvriers que contre les associations religieuses.

Il faut une loi unique, libérale et prévoyante. Les monarchistes feraient sagement d'en prendre l'initiative afin de ne pas se laisser devancer par ceux qui veulent en faire une mesure de parti. Ils auraient le droit de compter pour l'accomplissement de cette œuvre patriotique, sur le concours de tous les républicains sincères qui, lorsqu'ils luttaient contre l'Empire, se sont engagés d'honneur à donner à la France cette *liberté nécessaire*, sans l'entourer des restrictions par lesquelles on veut aujourd'hui la transformer en un instrument d'oppression contre les associations religieuses.

Mais, quel que soit le sort réservé dans la nouvelle Chambre à leurs propositions, ils ne sauraient consacrer plus longtemps par leur silence la situation actuelle. Parmi eux, dans cette vaillante armée, si fidèle à sa foi politique, si ferme à l'heure des grandes défaillances, si dévouée à la France, si jalouse de son honneur, il en est, je le sais, qui seraient disposés à trouver hardies et même téméraires les vues que je viens d'exposer. C'est pour eux surtout, dont la confiance m'est précieuse, que j'ai pris la plume. C'est à eux que je m'adresse en terminant. Pénétré des devoirs qui s'imposent au dépositaire du principe traditionnel, dont la France, à l'heure marquée par Dieu, sentira le besoin, je crois que le premier de ces devoirs est de rechercher comment la monarchie nationale pourrait résoudre les grands problèmes que soulève l'état démocratique de notre société. Et je suis persuadé que son représentant peut et doit se montrer plus sincèrement libéral que les démagogues uniquement préoccupés de flatter les passions populaires pour les exploiter.

Cette monarchie, qui, pour assurer à travers les siècles l'unité et la grandeur de la France, s'est accommodée aux transformations sociales les plus diverses, n'a rien à craindre de la démocratie, et la démocratie n'a rien à craindre d'elle. Mais, pour qu'elle trouve un solide point d'appui, il faut que les intérêts conservateurs puissent, grâce au libre exercice du droit d'association, se fortifier et se grouper sous l'abri qu'elle leur offrira.

FIN.

PARIS. — IMPRIMERIE CHAIX. — 20792-8-93. — (Encre Lorilleux).